50 Vegan Comfort for Fall Recipes

By: Kelly Johnson

Table of Contents

- Pumpkin Spice Pancakes
- Butternut Squash Soup
- Lentil Shepherd's Pie
- Maple-Glazed Roasted Vegetables
- Vegan Mac and Cheese
- Sweet Potato Casserole
- Creamy Mushroom Risotto
- Stuffed Acorn Squash
- Apple Cinnamon Oatmeal
- Chickpea Stew with Kale
- Spiced Pumpkin Muffins
- Vegan Chili with Cornbread
- Baked Apples with Cinnamon
- Mashed Potatoes with Mushroom Gravy
- Roasted Brussels Sprouts with Balsamic Glaze
- Warm Quinoa Salad with Cranberries and Pecans
- Carrot Ginger Soup
- Vegan Pot Pie
- Sautéed Kale with Garlic and Lemon
- Pumpkin Curry with Coconut Milk
- Vegan French Toast
- Cranberry Orange Scones
- Tempeh and Root Vegetable Hash
- Pear and Walnut Salad with Maple Dressing
- Creamy Broccoli and Cheddar Soup
- Vegan Pecan Pie
- Hearty Vegetable Stew
- Roasted Sweet Potatoes with Tahini Sauce
- Mushroom Stroganoff
- Vegan Cinnamon Rolls
- Savory Pumpkin Fritters
- Vegan Lasagna with Cashew Ricotta
- Curried Lentil Soup
- Roasted Carrot and Parsnip Fries
- Cranberry Apple Crisp

- Spaghetti Squash with Marinara
- Vegan Chocolate Chip Cookies
- Wild Rice Pilaf with Dried Fruit
- Cauliflower Mash with Herbs
- Chickpea and Pumpkin Tagine
- Vegan S'mores Brownies
- Baked Ziti with Tofu Ricotta
- Apple Cider Donuts
- Creamy Polenta with Sautéed Mushrooms
- Spiced Hot Chocolate
- Veggie-Stuffed Bell Peppers
- Pesto Pasta with Roasted Vegetables
- Autumn Grain Bowl with Maple Tahini Dressing
- Vegan Pumpkin Cheesecake
- Roasted Chestnut and Mushroom Tart

Pumpkin Spice Pancakes

Ingredients:

- **1 ½ cups** all-purpose flour
- **1 tbsp** baking powder
- **1 tsp** baking soda
- **2 tsp** pumpkin pie spice (or a blend of cinnamon, nutmeg, ginger, and cloves)
- **¼ tsp** salt
- **1 tbsp** sugar (optional)
- **1 ¼ cups** milk (dairy or non-dairy)
- **½ cup** pumpkin puree (not pumpkin pie filling)
- **1 large egg**
- **2 tbsp** melted butter (plus extra for greasing)
- **1 tsp** vanilla extract

Instructions:

1. **Mix dry ingredients:** In a large bowl, whisk together the flour, baking powder, baking soda, pumpkin pie spice, salt, and sugar.
2. **Prepare the wet ingredients:** In another bowl, combine the milk, pumpkin puree, egg, melted butter, and vanilla extract. Mix until smooth.
3. **Combine wet and dry ingredients:** Pour the wet mixture into the dry ingredients and gently stir until just combined. Avoid overmixing; it's okay if the batter is slightly lumpy.
4. **Heat the pan:** Heat a non-stick skillet or griddle over medium heat. Lightly grease with butter or cooking spray.
5. **Cook the pancakes:** Pour about ¼ cup of batter onto the hot pan for each pancake. Cook until bubbles form on the surface and the edges look set (about 2-3 minutes). Flip and cook the other side for 1-2 minutes until golden brown.
6. **Serve:** Serve warm with butter, maple syrup, or a sprinkle of cinnamon sugar. You can also top with whipped cream or toasted pecans for an extra treat!

Butternut Squash Soup

Ingredients:

- **1 tbsp** olive oil
- **1 onion**, diced
- **2 garlic cloves**, minced
- **4 cups** butternut squash, peeled and cubed
- **2 carrots**, sliced
- **4 cups** vegetable broth
- **1 tsp** salt
- **½ tsp** black pepper
- **½ tsp** ground nutmeg
- **1 cup** coconut milk or heavy cream (optional)

Instructions:

1. **Sauté aromatics:** Heat olive oil in a large pot over medium heat. Add onion and garlic, cooking until soft and fragrant.
2. **Cook vegetables:** Add butternut squash, carrots, broth, salt, pepper, and nutmeg. Bring to a boil, then reduce heat and simmer for 20-25 minutes until the squash is soft.
3. **Blend:** Use an immersion blender (or transfer to a blender) to puree until smooth.
4. **Add cream:** Stir in coconut milk or cream if using. Adjust seasoning to taste.
5. **Serve:** Serve warm with a sprinkle of nutmeg or pumpkin seeds on top.

Lentil Shepherd's Pie

Ingredients:

- **2 tbsp** olive oil
- **1 onion**, diced
- **3 garlic cloves**, minced
- **2 carrots**, diced
- **1 cup** brown or green lentils
- **2 cups** vegetable broth
- **1 tsp** thyme
- **1 tsp** rosemary
- **1 tbsp** tomato paste
- **½ cup** frozen peas
- **4 cups** mashed potatoes

Instructions:

1. **Cook lentil filling:** Heat olive oil in a skillet over medium heat. Sauté onions, garlic, and carrots until softened. Add lentils, broth, thyme, rosemary, and tomato paste. Simmer for 20-25 minutes until the lentils are tender. Stir in peas.
2. **Assemble:** Transfer the lentil mixture to a baking dish and spread the mashed potatoes evenly on top.
3. **Bake:** Bake at 375°F (190°C) for 20 minutes until the top is golden brown.
4. **Serve:** Let cool for a few minutes and enjoy a hearty, plant-based comfort meal.

Maple-Glazed Roasted Vegetables

Ingredients:

- **2 cups** carrots, sliced
- **2 cups** Brussels sprouts, halved
- **2 cups** sweet potatoes, cubed
- **2 tbsp** olive oil
- **3 tbsp** maple syrup
- **1 tbsp** balsamic vinegar
- **½ tsp** salt
- **¼ tsp** black pepper

Instructions:

1. **Preheat oven:** Preheat oven to 400°F (200°C).
2. **Prepare vegetables:** Toss the carrots, Brussels sprouts, and sweet potatoes with olive oil, salt, and pepper. Spread them in a single layer on a baking sheet.
3. **Roast:** Roast for 25-30 minutes, stirring halfway through.
4. **Glaze:** In a small bowl, whisk together the maple syrup and balsamic vinegar. Drizzle the glaze over the vegetables during the last 5 minutes of roasting.
5. **Serve:** Enjoy these caramelized, flavorful veggies as a side dish or over grains.

Vegan Mac and Cheese

Ingredients:

- **8 oz** elbow pasta
- **1 cup** cashews (soaked)
- **1 ½ cups** unsweetened almond milk
- **¼ cup** nutritional yeast
- **2 tbsp** olive oil
- **1 tsp** garlic powder
- **1 tsp** onion powder
- **1 tsp** mustard
- **½ tsp** paprika
- **Salt and pepper** to taste

Instructions:

1. **Cook pasta:** Boil pasta according to package instructions. Drain and set aside.
2. **Make sauce:** Blend soaked cashews, almond milk, nutritional yeast, olive oil, garlic powder, onion powder, mustard, paprika, salt, and pepper until smooth.
3. **Combine:** Pour the sauce over the cooked pasta and stir to coat evenly.
4. **Serve:** Serve warm and enjoy!

Sweet Potato Casserole

Ingredients:

- **4 cups** mashed sweet potatoes
- **¼ cup** maple syrup
- **1 tsp** vanilla extract
- **1 tsp** cinnamon
- **½ cup** pecans, chopped
- **2 tbsp** vegan butter

Instructions:

1. **Preheat oven:** Set oven to 375°F (190°C).
2. **Mix filling:** Combine mashed sweet potatoes, maple syrup, vanilla, and cinnamon. Spread into a casserole dish.
3. **Add topping:** Top with pecans and small pieces of vegan butter.
4. **Bake:** Bake for 20 minutes.
5. **Serve:** Let cool slightly before serving.

Creamy Mushroom Risotto

Ingredients:

- **1 cup** Arborio rice
- **4 cups** vegetable broth
- **2 tbsp** olive oil
- **1 onion**, diced
- **2 garlic cloves**, minced
- **2 cups** mushrooms, sliced
- **¼ cup** white wine (optional)
- **Salt and pepper** to taste

Instructions:

1. **Sauté aromatics:** Heat olive oil in a pan. Add onion, garlic, and mushrooms. Cook until soft.
2. **Toast rice:** Add rice and stir for 1-2 minutes.
3. **Add broth:** Slowly add broth, ½ cup at a time, stirring constantly until absorbed.
4. **Finish:** Add wine (if using) and season with salt and pepper.
5. **Serve:** Enjoy warm.

Stuffed Acorn Squash

Ingredients:

- **2 acorn squashes**, halved and seeded
- **1 cup** quinoa, cooked
- **½ cup** cranberries
- **½ cup** pecans, chopped
- **2 tbsp** maple syrup
- **Salt and pepper** to taste

Instructions:

1. **Preheat oven:** Set oven to 400°F (200°C).
2. **Roast squash:** Place squash halves cut-side down on a baking sheet. Roast for 30 minutes.
3. **Prepare filling:** Mix quinoa, cranberries, pecans, and maple syrup.
4. **Stuff squash:** Fill squash halves with quinoa mixture.
5. **Serve:** Enjoy as a main or side dish.

Apple Cinnamon Oatmeal

Ingredients:

- **1 cup** rolled oats
- **2 cups** almond milk
- **1 apple**, diced
- **1 tsp** cinnamon
- **1 tbsp** maple syrup

Instructions:

1. **Cook oatmeal:** Bring almond milk to a boil, add oats, and cook for 5 minutes.
2. **Add toppings:** Stir in apples, cinnamon, and maple syrup.
3. **Serve:** Enjoy warm.

Chickpea Stew with Kale

Ingredients:

- **2 tbsp** olive oil
- **1 onion**, diced
- **3 garlic cloves**, minced
- **2 cups** cooked chickpeas
- **4 cups** vegetable broth
- **2 cups** kale, chopped
- **1 tsp** cumin
- **Salt and pepper** to taste

Instructions:

1. **Sauté aromatics:** Heat olive oil and cook onions and garlic until soft.
2. **Add ingredients:** Add chickpeas, broth, kale, and cumin. Simmer for 15 minutes.
3. **Serve:** Season with salt and pepper, and enjoy.

Spiced Pumpkin Muffins

Ingredients:

- **1 ¾ cups** all-purpose flour
- **1 tsp** baking soda
- **2 tsp** pumpkin pie spice
- **1 cup** pumpkin puree
- **½ cup** maple syrup
- **⅓ cup** olive oil
- **1 tsp** vanilla extract

Instructions:

1. **Preheat oven:** Set oven to 350°F (175°C).
2. **Mix wet ingredients:** Combine pumpkin, syrup, oil, and vanilla.
3. **Add dry ingredients:** Stir in flour, baking soda, and pumpkin pie spice.
4. **Bake:** Divide batter into muffin tins and bake for 20-25 minutes.
5. **Serve:** Cool before serving.

Vegan Chili with Cornbread

Ingredients:

- **1 tbsp** olive oil
- **1 onion**, diced
- **3 garlic cloves**, minced
- **2 cups** black beans
- **2 cups** diced tomatoes
- **1 cup** corn
- **1 tsp** chili powder
- **Salt and pepper** to taste

Instructions:

1. **Cook chili:** Sauté onions and garlic in olive oil. Add beans, tomatoes, corn, chili powder, salt, and pepper. Simmer for 20 minutes.
2. **Serve with cornbread:** Serve warm with vegan cornbread on the side.

Baked Apples with Cinnamon

Ingredients:

- **4 apples**, cored
- **2 tbsp** maple syrup
- **1 tsp** cinnamon
- **¼ cup** chopped nuts (optional)

Instructions:

1. **Preheat oven:** Set oven to 375°F (190°C).
2. **Stuff apples:** Place apples in a baking dish and drizzle with maple syrup. Sprinkle with cinnamon and nuts.
3. **Bake:** Bake for 25-30 minutes.
4. **Serve:** Enjoy warm with a scoop of dairy-free ice cream if desired.

Mashed Potatoes with Mushroom Gravy

Ingredients:

- **4 large** potatoes, peeled and chopped
- **¼ cup** vegan butter
- **½ cup** almond milk
- **Salt and pepper** to taste
- **2 tbsp** olive oil
- **2 cups** mushrooms, sliced
- **1 onion**, diced
- **2 garlic cloves**, minced
- **2 tbsp** flour
- **2 cups** vegetable broth

Instructions:

1. **Boil potatoes:** Cook potatoes in salted water until tender, then drain and mash with vegan butter, almond milk, salt, and pepper.
2. **Prepare gravy:** Sauté mushrooms, onion, and garlic in olive oil until soft. Stir in flour and cook for 1 minute. Add broth and simmer until thickened.
3. **Serve:** Spoon gravy over mashed potatoes.

Roasted Brussels Sprouts with Balsamic Glaze

Ingredients:

- **4 cups** Brussels sprouts, halved
- **2 tbsp** olive oil
- **Salt and pepper** to taste
- **2 tbsp** balsamic vinegar
- **1 tbsp** maple syrup

Instructions:

1. **Preheat oven:** Set oven to 400°F (200°C).
2. **Roast sprouts:** Toss Brussels sprouts with olive oil, salt, and pepper. Roast for 25-30 minutes.
3. **Glaze:** Drizzle with balsamic vinegar and maple syrup during the last 5 minutes.

Warm Quinoa Salad with Cranberries and Pecans

Ingredients:

- **1 cup** quinoa
- **2 cups** water
- **½ cup** dried cranberries
- **½ cup** pecans, chopped
- **2 tbsp** olive oil
- **1 tbsp** lemon juice
- **Salt and pepper** to taste

Instructions:

1. **Cook quinoa:** Boil quinoa in water until tender.
2. **Combine:** Mix cooked quinoa with cranberries, pecans, olive oil, lemon juice, salt, and pepper. Serve warm.

Carrot Ginger Soup

Ingredients:

- **1 tbsp** olive oil
- **1 onion**, diced
- **2 garlic cloves**, minced
- **4 cups** carrots, sliced
- **1 tbsp** grated ginger
- **4 cups** vegetable broth
- **Salt and pepper** to taste

Instructions:

1. **Sauté aromatics:** Cook onion, garlic, and ginger in olive oil until soft.
2. **Simmer:** Add carrots and broth. Cook for 20 minutes, then blend until smooth.
3. **Serve:** Season with salt and pepper.

Vegan Pot Pie

Ingredients:

- **2 tbsp** olive oil
- **1 onion**, diced
- **2 garlic cloves**, minced
- **2 cups** mixed vegetables (peas, carrots, corn)
- **2 tbsp** flour
- **2 cups** vegetable broth
- **1 sheet** puff pastry, vegan
- **Salt and pepper** to taste

Instructions:

1. **Prepare filling:** Sauté onion, garlic, and vegetables in olive oil. Stir in flour, then add broth and simmer until thick.
2. **Assemble:** Pour filling into a pie dish and top with puff pastry.
3. **Bake:** Bake at 400°F (200°C) for 20-25 minutes until golden brown.

Sautéed Kale with Garlic and Lemon

Ingredients:

- **1 tbsp** olive oil
- **3 garlic cloves**, minced
- **4 cups** kale, chopped
- **1 tbsp** lemon juice
- **Salt and pepper** to taste

Instructions:

1. **Sauté garlic:** Cook garlic in olive oil until fragrant.
2. **Add kale:** Stir in kale and cook until wilted.
3. **Season:** Add lemon juice, salt, and pepper.

Pumpkin Curry with Coconut Milk

Ingredients:

- **1 tbsp** olive oil
- **1 onion**, diced
- **3 garlic cloves**, minced
- **2 cups** pumpkin puree
- **1 can** coconut milk
- **1 tbsp** curry powder
- **Salt and pepper** to taste

Instructions:

1. **Sauté aromatics:** Cook onion and garlic in olive oil until soft.
2. **Simmer curry:** Add pumpkin, coconut milk, and curry powder. Simmer for 10-15 minutes.
3. **Serve:** Season with salt and pepper.

Vegan French Toast

Ingredients:

- **1 cup** almond milk
- **2 tbsp** ground flaxseed
- **1 tsp** vanilla extract
- **½ tsp** cinnamon
- **8 slices** bread
- **1 tbsp** vegan butter

Instructions:

1. **Make batter:** Mix almond milk, flaxseed, vanilla, and cinnamon.
2. **Dip bread:** Coat bread slices in the batter.
3. **Cook:** Fry in vegan butter until golden brown on both sides.

Cranberry Orange Scones

Ingredients:

- **2 cups** all-purpose flour
- **¼ cup** sugar
- **1 tbsp** baking powder
- **½ tsp** salt
- **½ cup** vegan butter, cold
- **½ cup** cranberries
- **1 tbsp** orange zest
- **½ cup** almond milk

Instructions:

1. **Preheat oven:** Set oven to 375°F (190°C).
2. **Mix dry ingredients:** Combine flour, sugar, baking powder, and salt. Cut in vegan butter.
3. **Add wet ingredients:** Stir in cranberries, orange zest, and almond milk until dough forms.
4. **Bake:** Shape into triangles and bake for 15-20 minutes.

Tempeh and Root Vegetable Hash

Ingredients:

- **1 package** tempeh, cubed
- **2 cups** mixed root vegetables (carrots, sweet potatoes, and parsnips), diced
- **1 onion**, diced
- **2 tbsp** olive oil
- **1 tsp** smoked paprika
- **Salt and pepper** to taste
- **Fresh parsley** for garnish

Instructions:

1. **Sauté vegetables:** Heat olive oil in a skillet over medium heat. Add onion and cook until translucent.
2. **Add root vegetables:** Stir in the root vegetables and cook until tender, about 10-15 minutes.
3. **Add tempeh:** Mix in tempeh and season with smoked paprika, salt, and pepper. Cook until heated through and slightly crispy.
4. **Garnish:** Top with fresh parsley before serving.

Pear and Walnut Salad with Maple Dressing

Ingredients:

- **4 cups** mixed salad greens
- **2 pears**, sliced
- **½ cup** walnuts, toasted
- **¼ cup** dried cranberries
- **¼ cup** maple syrup
- **2 tbsp** balsamic vinegar
- **Salt and pepper** to taste

Instructions:

1. **Prepare dressing:** Whisk together maple syrup, balsamic vinegar, salt, and pepper in a small bowl.
2. **Assemble salad:** In a large bowl, combine salad greens, pear slices, walnuts, and cranberries.
3. **Dress salad:** Drizzle with the maple dressing and toss gently before serving.

Creamy Broccoli and Cheddar Soup

Ingredients:

- **2 cups** broccoli florets
- **1 onion**, diced
- **2 garlic cloves**, minced
- **4 cups** vegetable broth
- **1 cup** cashew cream
- **1 cup** vegan cheddar cheese, shredded
- **Salt and pepper** to taste

Instructions:

1. **Sauté aromatics:** In a large pot, sauté onion and garlic until soft.
2. **Cook broccoli:** Add vegetable broth and broccoli. Simmer until broccoli is tender.
3. **Blend:** Use an immersion blender to puree the soup until smooth.
4. **Add cream and cheese:** Stir in cashew cream and vegan cheddar, and heat until melted. Season with salt and pepper.

Vegan Pecan Pie

Ingredients:

- **1 pre-made** vegan pie crust
- **1 cup** pecans, chopped
- **1 cup** maple syrup
- **¼ cup** almond milk
- **¼ cup** coconut oil, melted
- **2 tbsp** cornstarch
- **1 tsp** vanilla extract
- **Salt** to taste

Instructions:

1. **Preheat oven:** Set oven to 350°F (175°C).
2. **Mix filling:** In a bowl, whisk together maple syrup, almond milk, coconut oil, cornstarch, vanilla, and salt until smooth.
3. **Combine:** Fold in pecans and pour into the pie crust.
4. **Bake:** Bake for 45-50 minutes until set. Cool before slicing.

Hearty Vegetable Stew

Ingredients:

- **2 tbsp** olive oil
- **1 onion**, diced
- **2 garlic cloves**, minced
- **3 carrots**, sliced
- **2 potatoes**, diced
- **2 cups** mixed vegetables (green beans, peas, corn)
- **4 cups** vegetable broth
- **1 tsp** thyme
- **Salt and pepper** to taste

Instructions:

1. **Sauté aromatics:** Heat olive oil in a large pot. Add onion and garlic, cooking until soft.
2. **Add vegetables:** Stir in carrots, potatoes, and mixed vegetables. Cook for a few minutes.
3. **Simmer:** Pour in vegetable broth, thyme, salt, and pepper. Simmer for 30-40 minutes until vegetables are tender.

Roasted Sweet Potatoes with Tahini Sauce

Ingredients:

- **4 sweet potatoes**, cubed
- **2 tbsp** olive oil
- **Salt and pepper** to taste
- **¼ cup** tahini
- **2 tbsp** lemon juice
- **1 tbsp** maple syrup
- **Water** to thin

Instructions:

1. **Preheat oven:** Set oven to 400°F (200°C).
2. **Roast sweet potatoes:** Toss sweet potatoes with olive oil, salt, and pepper. Spread on a baking sheet and roast for 25-30 minutes.
3. **Prepare sauce:** Whisk tahini, lemon juice, maple syrup, and water until smooth.
4. **Serve:** Drizzle tahini sauce over roasted sweet potatoes before serving.

Mushroom Stroganoff

Ingredients:

- **2 tbsp** olive oil
- **1 onion**, diced
- **3 cups** mushrooms, sliced
- **2 garlic cloves**, minced
- **2 cups** vegetable broth
- **1 cup** coconut cream
- **1 tbsp** soy sauce
- **Salt and pepper** to taste
- **Cooked pasta** for serving

Instructions:

1. **Sauté aromatics:** Heat olive oil in a pan, add onion and garlic, and cook until soft.
2. **Add mushrooms:** Stir in mushrooms and cook until browned.
3. **Add broth and cream:** Pour in vegetable broth, coconut cream, and soy sauce. Simmer for 10 minutes.
4. **Serve:** Season with salt and pepper and serve over cooked pasta.

Vegan Cinnamon Rolls

Ingredients:

- **2 cups** all-purpose flour
- **2 tbsp** sugar
- **1 tbsp** baking powder
- **½ tsp** salt
- **¾ cup** almond milk
- **¼ cup** vegan butter, melted
- **¼ cup** brown sugar
- **2 tsp** cinnamon
- **1 tbsp** powdered sugar (for icing)

Instructions:

1. **Preheat oven:** Set oven to 375°F (190°C).
2. **Make dough:** Combine flour, sugar, baking powder, and salt. Add almond milk and melted butter. Mix until dough forms.
3. **Roll out:** Roll dough into a rectangle, spread with melted butter, and sprinkle with brown sugar and cinnamon.
4. **Shape rolls:** Roll tightly, slice into rolls, and place in a baking dish. Bake for 20-25 minutes.
5. **Ice:** Drizzle with powdered sugar mixed with water before serving.

Savory Pumpkin Fritters

Ingredients:

- **2 cups** pumpkin puree
- **1 cup** chickpea flour
- **½ tsp** cumin
- **½ tsp** paprika
- **Salt and pepper** to taste
- **2 tbsp** olive oil for frying

Instructions:

1. **Mix batter:** In a bowl, combine pumpkin puree, chickpea flour, cumin, paprika, salt, and pepper until smooth.
2. **Heat oil:** In a skillet, heat olive oil over medium heat.
3. **Cook fritters:** Drop spoonfuls of batter into the skillet and cook until golden brown, about 3-4 minutes per side.
4. **Serve:** Enjoy warm, with a dip of your choice.

Vegan Lasagna with Cashew Ricotta

Ingredients:

- **9-12 lasagna noodles** (gluten-free if desired)
- **2 cups** marinara sauce
- **1 cup** spinach, chopped
- **1 cup** mushrooms, sliced
- **1 cup** cashews, soaked and drained
- **¼ cup** nutritional yeast
- **1 tbsp** lemon juice
- **1 tsp** garlic powder
- **Salt and pepper** to taste

Instructions:

1. **Preheat oven:** Set oven to 375°F (190°C).
2. **Make cashew ricotta:** Blend soaked cashews, nutritional yeast, lemon juice, garlic powder, salt, and pepper until creamy.
3. **Layer ingredients:** Spread a layer of marinara sauce in a baking dish, then layer noodles, cashew ricotta, spinach, mushrooms, and more sauce. Repeat layers, finishing with sauce on top.
4. **Bake:** Cover with foil and bake for 30 minutes. Remove foil and bake for an additional 15 minutes.

Curried Lentil Soup

Ingredients:

- **1 tbsp** olive oil
- **1 onion**, diced
- **2 carrots**, diced
- **2 celery stalks**, diced
- **2 garlic cloves**, minced
- **1 tbsp** curry powder
- **1 cup** lentils, rinsed
- **4 cups** vegetable broth
- **1 can** coconut milk
- **Salt and pepper** to taste

Instructions:

1. **Sauté vegetables:** In a large pot, heat olive oil. Add onion, carrots, and celery, cooking until softened.
2. **Add garlic and spices:** Stir in garlic and curry powder, cooking for 1-2 minutes until fragrant.
3. **Add lentils and broth:** Mix in lentils and vegetable broth. Bring to a boil, then simmer for 25-30 minutes until lentils are tender.
4. **Finish with coconut milk:** Stir in coconut milk, season with salt and pepper, and heat through before serving.

Roasted Carrot and Parsnip Fries

Ingredients:

- **2 cups** carrots, cut into fries
- **2 cups** parsnips, cut into fries
- **2 tbsp** olive oil
- **1 tsp** paprika
- **Salt and pepper** to taste

Instructions:

1. **Preheat oven:** Set oven to 425°F (220°C).
2. **Toss vegetables:** In a bowl, toss carrot and parsnip fries with olive oil, paprika, salt, and pepper.
3. **Roast:** Spread on a baking sheet in a single layer and roast for 25-30 minutes until crispy, flipping halfway.

Cranberry Apple Crisp

Ingredients:

- **3 cups** apples, sliced
- **2 cups** cranberries (fresh or frozen)
- **1 cup** rolled oats
- **½ cup** brown sugar
- **½ cup** almond flour
- **½ tsp** cinnamon
- **⅓ cup** coconut oil, melted

Instructions:

1. **Preheat oven:** Set oven to 350°F (175°C).
2. **Prepare fruit:** In a baking dish, layer sliced apples and cranberries.
3. **Make topping:** In a bowl, mix oats, brown sugar, almond flour, cinnamon, and melted coconut oil until crumbly.
4. **Bake:** Spread topping over fruit and bake for 30-35 minutes until bubbly and golden.

Spaghetti Squash with Marinara

Ingredients:

- **1 medium** spaghetti squash
- **2 cups** marinara sauce
- **1 tbsp** olive oil
- **Salt and pepper** to taste
- **Fresh basil** for garnish

Instructions:

1. **Prepare squash:** Preheat oven to 400°F (200°C). Cut spaghetti squash in half and remove seeds. Brush with olive oil, salt, and pepper.
2. **Bake squash:** Place squash cut side down on a baking sheet and bake for 30-40 minutes until tender.
3. **Scrape strands:** Once cooled slightly, use a fork to scrape out spaghetti-like strands.
4. **Combine:** Toss strands with marinara sauce and garnish with fresh basil before serving.

Vegan Chocolate Chip Cookies

Ingredients:

- **1 cup** almond flour
- **1 cup** oats
- **½ cup** coconut oil, melted
- **½ cup** brown sugar
- **¼ cup** maple syrup
- **1 tsp** vanilla extract
- **½ tsp** baking soda
- **½ cup** vegan chocolate chips

Instructions:

1. **Preheat oven:** Set oven to 350°F (175°C).
2. **Mix ingredients:** In a bowl, combine all ingredients until a dough forms.
3. **Shape cookies:** Scoop tablespoons of dough onto a baking sheet, flattening slightly.
4. **Bake:** Bake for 10-12 minutes until edges are golden. Let cool before serving.

Wild Rice Pilaf with Dried Fruit

Ingredients:

- **1 cup** wild rice
- **2 cups** vegetable broth
- **½ cup** dried cranberries
- **½ cup** chopped nuts (pecans or walnuts)
- **½ onion**, diced
- **2 tbsp** olive oil
- **Salt and pepper** to taste

Instructions:

1. **Sauté onion:** In a pot, heat olive oil and sauté onion until soft.
2. **Cook rice:** Add wild rice and vegetable broth, bringing to a boil. Reduce heat and simmer for 40-50 minutes until rice is tender.
3. **Mix in fruits and nuts:** Once cooked, stir in dried cranberries and nuts. Season with salt and pepper before serving.

Cauliflower Mash with Herbs

Ingredients:

- **1 head** cauliflower, chopped
- **2 tbsp** olive oil
- **2 garlic cloves**, minced
- **Salt and pepper** to taste
- **Fresh herbs** (parsley or chives) for garnish

Instructions:

1. **Steam cauliflower:** Steam cauliflower until tender, about 10-15 minutes.
2. **Mash:** In a bowl, combine steamed cauliflower, olive oil, garlic, salt, and pepper, mashing until smooth.
3. **Garnish:** Serve warm, garnished with fresh herbs.

Chickpea and Pumpkin Tagine

Ingredients:

- **1 can** chickpeas, drained and rinsed
- **2 cups** pumpkin, diced
- **1 onion**, chopped
- **2 garlic cloves**, minced
- **1 tsp** cumin
- **1 tsp** cinnamon
- **½ tsp** turmeric
- **1 can** diced tomatoes
- **2 cups** vegetable broth
- **Salt and pepper** to taste
- **Fresh cilantro** for garnish

Instructions:

1. **Sauté onions and garlic:** In a large pot, sauté onion and garlic until fragrant.
2. **Add spices:** Stir in cumin, cinnamon, and turmeric, cooking for another minute.
3. **Combine ingredients:** Add chickpeas, pumpkin, diced tomatoes, and vegetable broth. Bring to a boil, then simmer for 20-25 minutes until pumpkin is tender.
4. **Serve:** Season with salt and pepper, and garnish with fresh cilantro before serving.

Vegan S'mores Brownies

Ingredients:

- **1 cup** almond flour
- **½ cup** cocoa powder
- **½ cup** maple syrup
- **½ cup** coconut oil, melted
- **1 tsp** vanilla extract
- **½ cup** vegan chocolate chips
- **1 cup** vegan marshmallows
- **½ cup** graham cracker crumbs

Instructions:

1. **Preheat oven:** Set oven to 350°F (175°C) and line an 8x8 baking dish with parchment paper.
2. **Mix brownie ingredients:** In a bowl, combine almond flour, cocoa powder, maple syrup, melted coconut oil, and vanilla until smooth.
3. **Add chocolate chips:** Fold in vegan chocolate chips, and pour batter into the prepared baking dish.
4. **Layer marshmallows and graham crackers:** Sprinkle marshmallows and graham cracker crumbs on top of the batter.
5. **Bake:** Bake for 25-30 minutes until set. Let cool before cutting into squares.

Baked Ziti with Tofu Ricotta

Ingredients:

- **12 oz** ziti pasta
- **1 block** firm tofu, drained
- **1 cup** nutritional yeast
- **1 tbsp** lemon juice
- **2 cups** marinara sauce
- **1 cup** spinach, chopped
- **1 tsp** garlic powder
- **Salt and pepper** to taste

Instructions:

1. **Preheat oven:** Set oven to 375°F (190°C).
2. **Cook pasta:** Cook ziti according to package instructions, then drain.
3. **Make tofu ricotta:** In a bowl, mash tofu and mix in nutritional yeast, lemon juice, garlic powder, salt, and pepper until well combined.
4. **Combine ingredients:** In a large baking dish, layer cooked ziti, marinara sauce, tofu ricotta, and spinach.
5. **Bake:** Cover and bake for 25 minutes. Remove cover and bake for an additional 10 minutes.

Apple Cider Donuts

Ingredients:

- **1 cup** apple cider
- **2 cups** flour
- **¾ cup** brown sugar
- **1 tsp** baking powder
- **½ tsp** baking soda
- **½ tsp** cinnamon
- **¼ cup** coconut oil, melted
- **½ cup** almond milk
- **1 tsp** vanilla extract

Instructions:

1. **Preheat oven:** Set oven to 350°F (175°C) and grease a donut pan.
2. **Reduce cider:** In a saucepan, reduce apple cider over medium heat until thickened, about 10 minutes.
3. **Mix dry ingredients:** In a bowl, whisk together flour, brown sugar, baking powder, baking soda, and cinnamon.
4. **Combine wet ingredients:** In another bowl, mix melted coconut oil, almond milk, vanilla, and reduced cider.
5. **Combine and bake:** Pour wet ingredients into dry, mix until just combined, then spoon into the donut pan. Bake for 12-15 minutes until golden.

Creamy Polenta with Sautéed Mushrooms

Ingredients:

- **1 cup** polenta
- **4 cups** vegetable broth
- **1 cup** mushrooms, sliced
- **2 tbsp** olive oil
- **2 garlic cloves**, minced
- **Salt and pepper** to taste
- **Fresh parsley** for garnish

Instructions:

1. **Cook polenta:** In a pot, bring vegetable broth to a boil. Slowly whisk in polenta, reducing heat and cooking until thickened, about 15-20 minutes.
2. **Sauté mushrooms:** In a skillet, heat olive oil and sauté mushrooms and garlic until golden. Season with salt and pepper.
3. **Serve:** Spoon polenta onto plates, top with sautéed mushrooms, and garnish with fresh parsley.

Spiced Hot Chocolate

Ingredients:

- **2 cups** almond milk
- **¼ cup** cocoa powder
- **¼ cup** maple syrup
- **½ tsp** cinnamon
- **¼ tsp** nutmeg
- **½ tsp** vanilla extract
- **Vegan whipped cream** for topping

Instructions:

1. **Heat milk:** In a saucepan, heat almond milk over medium heat until warm.
2. **Mix ingredients:** Whisk in cocoa powder, maple syrup, cinnamon, nutmeg, and vanilla until well combined and heated through.
3. **Serve:** Pour into mugs and top with vegan whipped cream.

Veggie-Stuffed Bell Peppers

Ingredients:

- **4 bell peppers** (any color)
- **1 cup** quinoa, cooked
- **1 can** black beans, drained and rinsed
- **1 cup** corn (fresh or frozen)
- **1 tsp** cumin
- **Salt and pepper** to taste
- **1 cup** salsa

Instructions:

1. **Preheat oven:** Set oven to 375°F (190°C).
2. **Prepare peppers:** Cut the tops off the bell peppers and remove seeds.
3. **Mix filling:** In a bowl, combine cooked quinoa, black beans, corn, cumin, salt, pepper, and salsa.
4. **Stuff peppers:** Fill each pepper with the quinoa mixture and place in a baking dish.
5. **Bake:** Cover with foil and bake for 30 minutes. Remove foil and bake for an additional 10 minutes.

Pesto Pasta with Roasted Vegetables

Ingredients:

- **8 oz** pasta of choice
- **2 cups** mixed vegetables (zucchini, bell peppers, cherry tomatoes)
- **2 tbsp** olive oil
- **1 cup** basil pesto (store-bought or homemade)
- **Salt and pepper** to taste
- **Fresh basil** for garnish

Instructions:

1. **Preheat oven:** Set oven to 400°F (200°C).
2. **Roast vegetables:** Toss mixed vegetables with olive oil, salt, and pepper on a baking sheet. Roast for 20-25 minutes until tender.
3. **Cook pasta:** In a large pot, cook pasta according to package instructions. Drain and set aside.
4. **Combine:** In a large bowl, mix cooked pasta with roasted vegetables and pesto until well combined.
5. **Serve:** Garnish with fresh basil before serving.

Autumn Grain Bowl with Maple Tahini Dressing

Ingredients:

- **1 cup** cooked quinoa
- **1 cup** roasted sweet potatoes, cubed
- **1 cup** kale, chopped
- **½ cup** cranberries
- **¼ cup** walnuts, chopped
- **1 tbsp** olive oil
- **Salt and pepper** to taste

For the dressing:

- **2 tbsp** tahini
- **1 tbsp** maple syrup
- **1 tbsp** lemon juice
- **Water** to thin

Instructions:

1. **Prepare dressing:** In a small bowl, whisk together tahini, maple syrup, lemon juice, and water until smooth.
2. **Sauté kale:** In a skillet, heat olive oil and sauté kale until wilted. Season with salt and pepper.
3. **Assemble bowl:** In a large bowl, combine quinoa, roasted sweet potatoes, sautéed kale, cranberries, and walnuts.
4. **Drizzle dressing:** Top with maple tahini dressing and toss to combine.

Vegan Pumpkin Cheesecake

Ingredients:

- **1 ½ cups** graham cracker crumbs
- **½ cup** coconut oil, melted
- **1 cup** cashews, soaked
- **1 cup** pumpkin puree
- **¾ cup** maple syrup
- **½ cup** coconut milk
- **1 tsp** vanilla extract
- **1 tsp** pumpkin spice

Instructions:

1. **Prepare crust:** In a bowl, mix graham cracker crumbs and melted coconut oil until combined. Press mixture into the bottom of a springform pan.
2. **Blend filling:** In a blender, combine soaked cashews, pumpkin puree, maple syrup, coconut milk, vanilla extract, and pumpkin spice until smooth.
3. **Pour filling:** Pour the pumpkin filling over the crust in the springform pan.
4. **Chill:** Refrigerate for at least 4 hours or until set.
5. **Serve:** Slice and serve chilled, optionally with coconut whipped cream.

Roasted Chestnut and Mushroom Tart

Ingredients:

- **1 sheet** puff pastry, thawed
- **1 cup** chestnuts, roasted and chopped
- **1 cup** mushrooms, sliced
- **1 onion**, chopped
- **2 garlic cloves**, minced
- **1 tsp** thyme
- **Salt and pepper** to taste
- **2 tbsp** olive oil
- **½ cup** almond milk

Instructions:

1. **Preheat oven:** Set oven to 375°F (190°C).
2. **Prepare filling:** In a skillet, heat olive oil and sauté onion and garlic until translucent. Add mushrooms and cook until browned, then stir in chestnuts and thyme. Season with salt and pepper.
3. **Roll out pastry:** On a floured surface, roll out puff pastry and fit it into a tart pan.
4. **Fill tart:** Pour the mushroom and chestnut mixture into the pastry shell.
5. **Bake:** Bake for 25-30 minutes until the pastry is golden and flaky.
6. **Serve:** Let cool slightly before slicing and serving warm.

www.ingramcontent.com/pod-product-compliance
Lightning Source LLC
LaVergne TN
LVHW081507060526
838201LV00056BA/2976